JOCHEM SCHÄFER

# KULTURELLE UND HUMANE ANSTÖßE DER FRIEDLICHEN REVOLUTION IN DER DDR

## IN UREIGENER WIEDERGABE UNTER EINSCHLUSS DES CAMP-DAVID-FRIEDENS

2010

M.-G. SCHMITZ-VERLAG, NORDSTRAND/NORDSEE

Abbildung auf der vorderen Umschlagseite:
Eine historische Ausstellung
vor dem Brandenburger Tor

Bibliografische Information der Deutsche Nationalbibliothek:
Die Deutsche Nationalbibliothek verzeichnet diese Publikation
in der Deutschen Nationalbibliografie; detaillierte bibliografische Daten sind im Internet über http://dnb.d-nb.de abrufbar
ISBN 978-3-8423-5482-1

„Mir ist nicht bange, daß Deutschland nicht eins werde; ...“
Johann Wolfgang von Goethe
im Gespräch mit
Johann Peter Eckermann,
23. Oktober 1828

„Hastig griff Händel zur Feder und zeichnete Noten auf, mit magischer Eile formte sich Zeichen auf Zeichen. Er konnte nicht innehalten, wie ein Schiff, die Segel vom Sturm gefaßt, riß es ihn fort und fort. Rings schwieg die Nacht, stumm lag das feuchte Dunkel über der großen Stadt. Aber in ihm strömte das Licht, und unhörbar dröhnte das Zimmer von der Musik des Alls.“

Aus Stefan Zweig: Sternstunden der Menschheit. Georg Friedrich Händels Auferstehung (1943)

# Inhalt

# 1. Editorial

„Ich betrachte es noch immer fast als ein Wunder, dass Deutschland nur noch von Partnern und Freunden umgeben ist", äußerte der Ende Mai 2010 zurückgetretene Bundespräsident Horst Köhler am Reformationstag 2009 im Berliner Friedrichstadtpalast. In einer Feierstunde der Konrad-Adenauer-Stiftung, in der George Bush, Michail Gorbatschow und Helmut Kohl besonders geehrt wurden, sprach er von der geschichtlichen Sternstunde, die die demokratische Wende in Mittel- und Osteuropa und das Friedenswerk der deutschen Einheit vor 20 Jahren ermöglichte. Die drei Staatsmänner verkörperten in jener Zeit das Erstreben von Frieden, Freiheit und Gerechtigkeit nach Jahrzehnten grausamen Terrors und gegenseitiger Anfeindungen. Sie nutzten den auf Ergebnissen und Folgen des Zweiten Weltkriegs aufbauenden KSZE-Prozess mit seinen vertrauensbildenden Maßnahmen zur Völkerversöhnung und schufen damit Voraussetzungen zum gewaltfreien revolutionären Umbruch und zur deutschen Wiedervereinigung.

Bei einer Analyse der damaligen Ereignisse ist neben der kulturellen und menschlichen Dimension und der Umweltdimension des Entspannungs- und Vereinigungsprozesses vor allem auch das Mittelmeerpaket der KSZE-Schlussakte von Helsinki besonders zu würdigen. In dessen Abfolge bot 1978/79 der Camp-David-Frieden zwischen Israel und Ägypten die Chance zur besseren Verständigung zwischen den Warschauer-Pakt-Staaten und der westlichen Welt. Einige Jahre vor dem epochalen Friedensereignis hatten im Anschluss an den israelisch-arabischen Sechstagekrieg (1967) alle Staaten des Ostblocks bis auf Rumänien die Beziehungen zu Israel abgebrochen und die Kontakte zu den arabischen Ländern teils auch mit Waffenlieferungen verstärkt. Die Unterzeichnung des Friedensvertrags am 26. März 1979 durch den israelischen Ministerpräsidenten Menachem Begin, den ägyptischen Präsidenten Mohammed Anwar al-Sadat und den amerikanischen Präsidenten Jimmy E. Carter als Vermittler war nun eine günstige

Gelegenheit zum versöhnlichen Neuanfang. Hergeleitet vom Festtag des am 30. März 805 vom Kölner Erzbischof Hildebold zum ersten Bischof von Münster/Westf. geweihten Liudger betonte der Tag des Friedensschlusses auch die große Bedeutung der Aussöhnung für die aufgekündigten Beziehungen zwischen den Ostblockstaaten und Israel und die Ost-West-Annäherung.[1]

Liudger hatte in Münster, wo auch die Mutter des Autors das Licht der Welt erblickte, das Paulus-Patrozinium des Doms gestiftet. Ferner war er an der Gründung der niedersächsischen Stadt Helmstedt beteiligt. Er wart dort Patron eines ehemaligen Benediktinerklosters, dessen Missionszelle er nach umstrittener Quellenlage vom Mindener Heerlager Karls des Großen aus errichtete.[2] Sein Engagement ist darüber hinaus im nicht weit entfernten Halberstadt, der späteren Bischofsstadt seines Bruders Hildegrim, bei der Errichtung einer Kirche belegt.[3] Er wirkte somit auch besonders engagiert im Kerngebiet des bedeutendsten Grenzübergangs an der innerdeutschen Grenze zur DDR und nach Westberlin mit dem Kontrollpunkt Helmstedt und der Übergangsstelle Marienborn in Sachsen-Anhalt nahe einer alten deutschen Wallfahrtsstätte. Die Entspannungsbemühungen führender Staatsmänner und das beeindruckende Engagement der Kirchen in der DDR für Gerechtigkeit, Frieden und Abrüstung wurden von dieser inhaltsreichen Grenzkonzeption beeinflusst, die die heutige Gedenkstätte Deutsche Teilung Marienborn als Ort der unbekümmerten und friedlichen

---

[1]    Vgl. Werner Freitag (1995), S. 95.
[2]    Vgl. Christof Römer (1979), S. 163 u. 164 sowie (1980), S. 2 u. 3.
[3]    Vgl. Hedwig Röckelein (1999), S. 65 u. 66.

Begegnung maßgeblich mitformte.[4] Auch dieser Tage steht der Name Liudgers wieder im Zenit der europäischen Friedenspolitik. Das von ihm gegründete und über die Jahrhunderte mit dem Helmstedter Kloster organisatorisch und in Personalunion verbundene frühere Benediktinerkloster in Werden an der Ruhr (heute Essen-Werden) ist mit seinem Kulturerbe und der St. Ludgerus Basilika ein bedeutender Stützpfeiler und Botschafter der europäischen Kulturhauptstadt Ruhr 2010.

Ein Meilenstein auf dem Weg zur deutschen Einheit war auch das Kulturabkommen zwischen der Bundesrepublik und der DDR vom 6. Mai 1986, das den Weg zu einem konstruktiven Kultur- und Wissenschaftsaustausch und zu einer ganzen Reihe von ambitionierten Städtepartnerschaften ebnete. Im 200. Todesjahr von Friedrich dem Großen bestanden Berührungspunkte zum 26. Hessentag in Herborn an der Dill (31.05. – 09.06.1986), das zu den beiden deutschen Staaten eine Reihe geschichtsträchtiger Bezüge aufwies. Zu nennen sind vornehmlich ein alttestamentarisch hergeleiteter Davidmythos, generelle marianische Bezüge, Beziehungen der ehemaligen Herborner Hohen Schule (1584 – 1817) zu bedeutenden wissenschaftlichen Einrichtungen und Universitäten, Verknüpfungen zur Gründung des Königreichs Preußen und der von Humanität, Kultur und Religion beeinflusste Widerstand gegen den Nationalsozialismus. Die ebenfalls 1986 am Festtag des biblischen Hiob (10. Mai) vereinbarte Städtepartnerschaft zwischen Athen und Bethlehem bekräftigte diesen Zusammenhang. Vermutlich spiel-

---

[4]    Die Grenzregion mit dem bildlich dargestellten Liudger verdeutlichte auch eine vom europäischen Kulturerbe und vom internationalen Widerstand gegen den Nationalsozialismus hergeleitete friedenspolitische Verankerung mit der Geburt des Autors am 30. März 1948 in Herborn und seien Eltern Otto und Marta Schäfer im 300. Gedenkjahr des Westfälischen Friedens von Münster und Osnabrück. Wahrscheinlich ist auch ein Bezug zur Grablegung Johann Wolfgang Goethes am 26. März 1832 in der Weimarer Fürstengruft. Kontakte oder enge Verknüpfungen des Poeten bestanden nach Helmstedt, Münster, Halberstadt und Köln (Kölner Dom) und zudem zu den Vorfahren des Autors.

ten dabei auch aristotelische, stoische und neuplatonische Lehren und Streitgespräche an der calvinistisch ausgerichteten Herborner Hohen Schule, die im 18. Jahrhundert in studentischen Kreisen den Ruf als Dill-Athen genoss, eine Rolle.[5] Von großer Bedeutung war das Jubiläum 750 Jahre Berlin, das 1987 in beiden Teilen der Stadt mit außerordentlichem Aufwand und internationaler Beteiligung gefeiert wurde. Die Veranstaltungen vermittelten trotz Mauer und gravierenden politischen Gegensätzen ein weitgehendes friedliches Bild der entzweiten Stadt und ermunterten weltweit zu bilateralen und Normalisierungsbemühungen. Im gleichen Jahr, am 30. Jahrestag der Unterzeichnung der Römischen Verträge zur Europäischen Wirtschaftsgemeinschaft und Europäischen Atomgemeinschaft, setzte der polnische Papst Johannes Paul II., der schon 1979 am UNO-Welttag der Solidarität mit dem palästinensischen Volk den Ordensgründer, großen Naturfreund und Verfasser des die Schöpfung preisenden Sonnengesangs, Franziskus von Assisi, zum Patron für den Umweltschutz benannt hatte, ein besonderes Signal. Mit Blick auf das Jahr 2000 verkündete er seine Marien-Enzyklika (Redemptoris mater) vom 25. März 1987, die für Gemeinschaften, Völker und Nationen die Errettung von Mensch und Kosmos und ein vollkommenes Bild der Freiheit im Glauben prophezeite.[6] 1989, 200 Jahre nach der Französischen Revolution, ermunterte die vom Freiheitsdrang geleitete Vernetzung zahlreicher Aktivitäten zum bedeutenden musikalischen, literarischen und religiösen Kulturerbe, zum Umwelt- und Naturschutz und zu den Menschenrechten zu der beispiellosen friedlichen Revolution. Die jahrelange Friedensarbeit von Kirchenvertretern, unabhängigen Gruppen und verantwortlichen Bürgerrechtlern trug nun Früchte. Zusammen mit den von Ungarn, der Tschechoslowakei und Polen auf eindrucksvolle Weise tolerierten oder unterstützten Flüchtlings-

---

[5]     Vgl. Konrad Moll (2004), S. 58; Käte Meyer-Drawe (1997), S. 24 u. 25, sowie Max Pohlenz (1992), S. 466-473.

[6]     Vgl. Archiv der Gegenwart (1987), S. 30897.

bewegungen bewirkte sie letztendlich am 9. November 1989 den Fall der Berliner Mauer. Die deutsche Einheit wurde am 3. Oktober 1990, dem evangelischen Gedenktag an Franziskus von Assisi, wahr, nachdem in einem gelungenen Prozedere das frei gewählte DDR-Parlament und die von der Bürgerrechts- und Reformbewegung getragene Regierung selbst die Voraussetzungen zur Auflösung der DDR schufen und ihre Aktivitäten und Anregungen in die Zwei-plus-Vier-Gespräche mit den Siegermächten des Zweiten Weltkriegs und der Bundesrepublik und in den Einigungsvertrag einbrachten.

Sechs Jahre nach der deutschen Einheit kamen in enger Anlehnung an vorstehende Ausführungen weitere Fortschritte im Nah-Ost-Friedensprozess zustande. Im offiziellen Jubiläumsjahr 3000 Jahre Jerusalem (1996), das an die Ersterwählung Jerusalems als Hauptstadt durch König David erinnerte, besiegelte die Stadt Köln ihre Städtepartnerschaft mit der im Osloer Friedensprozess uneingeschränkt palästinensisch gewordenen Stadt Bethlehem. Im gleichen Jahr trug die Fußballnationalmannschaft von Israel ein Freundschaftsspiel gegen eine Amateurauswahl in dem beschaulichen Städtchen Herborn aus.

Die den schlesischen Protestanten im Westfälischen Frieden von 1648 zugestandene Friedenskirche „Zur heiligen Dreifaltigkeit" in Świdnica (dt. Schweidnitz), seit 2001 UNESCO-Weltkultur-erbe. In unmittelbarer Nähe tagte der Kreisauer Kreis auf dem Hofgut von Moltkes im Widerstand gegen Hitler.

# 2. KSZE-Prozess und Camp-David-Frieden

## 2.1 Davidmythos

Der im Alten Testament gepriesene König der Israeliten, David, wird im Schrifttum als bedeutender Friedensfürst dargestellt, der sich mit Leidenschaft der Musik und Kunst widmete und mit Vehemenz für Aussöhnung und Solidarität eintrat. Nach dem Ersten Weltkrieg nutzten Zionisten sowie einflussreiche Politiker des Völkerbundes und der Weimarer Republik seinen religionsübergreifenden Mythos, um beschwichtigend auf den massiven Widerstand der Araber gegen die Errichtung einer Heimstätte des jüdischen Volks in Palästina hinzuwirken. So bekannte der Begründer der Jerusalemer Hebräischen Universität und spätere erste Präsident Israels, Chaim Weizmann, am 29. Dezember 1929 (Fest Davids) auf dem Delegiertentag der Zionistischen Vereinigung Deutschlands in Jena, dass die Juden mit den Arabern in Palästina ein gemeinsames Vaterland aufbauen wollten. Dabei rückte er besonders die Verwandtschaft von Israel und Ismael in den Vordergrund seiner Ausführungen.[7] Während des Dritten Reichs missbrauchten die Nationalsozialisten den Namen Davids für ihre abscheuliche Judenverfolgung und ihre Angriffsfeldzüge. Dies hatte zur Folge, dass sein Sinnbild auch das Widerstandsgeschehen und die strategische Kriegsführung der Alliierten maßgeblich prägte. Das 1936 von den Nationalsozialisten aus ideologischen und eroberungstaktischen Erwägungen umformulierte Händelsche Oratorium „Judas Makkabäus" in „Wilhelmus von Nassauen" mit einer Hommage an den in Herborns Nachbarstadt Dillenburg geborenen niederländischen Freiheitskämpfer Wilhelm I. von Oranien bewirkte, dass der Mythos von der Rettung des auserwählten biblischen Volks vornehmlich in der Person des Vaters des Autors auflebte und die Opposition gegen die Nationalsozialisten stählte. Am 21. Geburtstag Otto Schäfers hatte bereits der

---

[7] Vgl. Chaim Weizmann (1930), S. 37 u. 38.

Staatsputsch Adolf Hitlers im November 1923 begonnen. 1927 fand zudem der deutsche Wandertag in Herborn statt. Die zentrale Veranstaltung der deutschen Gebirgs- und Wander- vereine mit Tausenden von Teilnehmern ereignete sich genau 1400 Jahre nach der durch umstrittene Inschriften belegten Gründung des St. Katharina Klosters auf der Halbinsel Sinai durch Kaiser Justinian I. Sie deutete einen Bezug zum poetischen Werk Johann Wolfgang Goethes an und gab bereits den Anstoß für umfangreiche Kontakte, die während des Dritten Reichs zum engagierten Widerstand gegen Hitler und seine Schergen und zu Rettungsversuchen gegenüber den tödlich bedrohten Juden und anderen Verfolgten genutzt wurden.

Nach dem grausamsten Kapitel der Weltgeschichte mit annähernd 60 Millionen Toten, darunter sechs Millionen ermordeter Juden, setzte man ab 1945 die von Gerechtig- keitssinn und Menschlichkeit geprägten Tugenden Davids für die Vergangenheitsbewältigung und Versöhnung der Völker ein. NATO und Warschauer Pakt gründeten sich 210 Jahre nach der Uraufführung des Händelschen Oratoriums „Israel in Egypt" am 4. April 1949 in Washington bzw. sieben Jahre nach Ausrufung des Staates Israel am 14. Mai 1955 in Warschau als Vertei- digungsbündnisse. Der amerikanische Präsident Dwight D. Eisenhower und der Partei- und Regierungschef der UdSSR, Nikita S. Chruschtschow, leiteten im September 1959 auf dem Landsitz Eisenhowers mit dem vielfach beschworenen „Geist von Camp David" die weltweite Entspannungspolitik öffentlich- keitswirksam, aber weitestgehend substanzlos ein. Am 30. März 1962 wurde der Name „Europäisches Parlament" für die ein- heitliche parlamentarische Institution der drei bestehenden Euro- päischen Gemeinschaften (Europäische Gemeinschaft für Kohle und Stahl, Europäische Wirtschaftsgemeinschaft und Europäi- sche Atomgemeinschaft) beschlossen und am 24. Juni 1962 die Städtepartnerschaft zwischen Bethlehem und Michelangelos Heimatstadt Florenz besiegelt.[8] 800 Jahre nach der Heilig-

---

[8]    Vgl. Claudia Philipp (2004), S, 73.

sprechung Karls des Großen am Fest Davids (1965) erfolgten u.a. die Aufnahme diplomatischer Beziehungen zwischen der Bundesrepublik und Israel und der Staatsbesuch Elisabeths II. Wie der Karolingerkaiser selbst nutzten auch fast alle seine Nachfolger im Ost- und Westfrankenreich und im Heiligen Römischen Reich sowie die Regenten der Hohenzollerndynastie die alttestamentarische Tradition Davids, um mit einem kirchlich religiösen Zeremoniell (z.B. Salbung, Weihe und/oder Lesung des Psalms 21) das Gottesgnadentum des Herrschers nachdrücklich zu unterstreichen und in der Verfassung oder in gesonderten Rechtsnormen zu verankern. Auch unter heutigen Monarchen wird diese Tradition noch gepflegt.

Einen Höhepunkt erlebte die dem Sinnbild Davids angenäherte Kampagne und Strukturierung im Jahr 1989 bei der Gestaltung der friedlichen Revolution.

## 2.2 KSZE-Schlussakte von Helsinki und Folgetreffen

Der KSZE-Prozess löste die maßgebenden Impulse für den demokratischen Wandel in Mittel- und Osteuropa aus. In einem Memorandum regte die Regierung Finnlands 1969 eine Konferenz über europäische Sicherheitsfragen an, die zu den vorbereitenden Verhandlungen führte. Die erste Konferenzphase begann am 3. Juli 1973 in Helsinki und endete am 1. August 1975 mit der Verabschiedung der Schlussakte durch 33 europäische Staaten sowie die USA und Kanada. Für die Bundesrepublik ebneten Bundeskanzler Helmut Schmidt und Außenminister Hans-Dietrich Genscher den Weg für das eine politische Selbstverpflichtung der Signatarstaaten beinhaltende Vertragswerk, das mit dem 1000-jährigen Jubiläum des Mainzer Doms zusammenfiel. Von Bedeutung waren insbesondere die folgenden Themenkomplexe (Verhandlungskörbe):

- Fragen der Sicherheit in Europa

- Zusammenarbeit in den Bereichen Wirtschaft, Wissenschaft, Technik und Umwelt

- Zusammenarbeit in humanitären Angelegenheiten und auf den Gebieten der Information, Kultur und Bildung.

Relevant waren auch Fragen der Sicherheit und Zusammenarbeit im Mittelmeerraum, zu denen in Helsinki Vertreter der nicht teilnehmenden Staaten Ägypten, Algerien, Israel, Marokko, Syrien und Tunesien Beiträge lieferten.[9]
In den siebziger und achtziger Jahren fanden KSZE-Nachfolgekonferenzen in Belgrad (Oktober 1977 bis März 1978), Madrid (November 1980 bis September 1983) und Wien (November 1986 bis Januar 1989) statt. Im Zeitraum der ersten beiden Konferenzen stagnierte oder verstärkte sich der Ost-West-Konflikt. Besonders der NATO-Doppelbeschluss vom Dezember 1979 in Verbindung mit den ergebnislos verlaufenden sowjetisch-amerikanischen Abrüstungsverhandlungen von 1981 bis 1983 verdeutlichte schlagartig die Risiken und das Bedrohungspotential eines Atomkriegs. Bezeichnend für die dramatische Situation war die Stationierung sowjetischer SS-20 in der DDR und amerikanischer Mittelstreckenraketen in der Bundesrepublik. Im Gegensatz zu den Belgrader Verhandlungen konnte jedoch in Madrid ein gehaltvolles Abschlussdokument erarbeitet werden, das die Entspannungspolitik in den folgenden Jahren erleichterte. Die Konferenz über vertrauens- und sicherheitsbildende Maßnahmen und Abrüstung in Europa vom Januar 1984 bis September 1986 in Stockholm und der Amtsantritt Michail Gorbatschows im März 1985 als Generalsekretär der KPdSU leiteten die Wende ein. Ein erster großer Erfolg war der von Gorbatschow und US-Präsident Ronald Reagan im Dezember 1987 unterzeichnete INF-Vertrag über den gesamten Abbau von

---

[9]   Vgl. Theodor Schweisfurth u. Karin Oellers-Frahm (Hrsg.) (1993), S. 4 u. 5.

landgestützten Mittelstreckenraketen mit Reichweiten zwischen 500 und 5500 Kilometern.

Bei der Wiener Nachfolgekonferenz spielte wie auch bei den vorausgehenden Verhandlungen das Schicksal einzelner Verfolgter eine bedeutende Rolle. Das abschließende Dokument subsumierte diesen Komplex mit anderen humanitären Fragen und der soziokulturellen Zusammenarbeit unter der ambitionierten Bezeichnung „Menschliche Dimension der KSZE" und leitete eine Konferenzfolge zu dieser Thematik in Paris (Mai/Juni 1989), Kopenhagen (Juni 1990) und Moskau (September/Oktober 1991) ein.[10] Bei menschlichen Kontakten und Fragen der Freizügigkeit, insbesondere bei Familienbegegnungen, Familienzusammenführungen, Auslandsreisen, Sportleraustausch, Städtepartnerschaften, Studenten- und Lehreraustausch, religiösen Treffen und beim Postverkehr, konnten bereits in Wien erhebliche Verbesserungen verabschiedet werden.[11] Unter anderem wird im Schlussdokument dargelegt, dass es „jedermann freisteht, jedes Land einschließlich seines eigenen zu verlassen und in sein Land zurückzukehren". Auch in den Bereichen Umweltschutz sowie Kultur und Bildung befürworteten die Vertragsstaaten ein umfangreiches Maßnahmenbündel, z.B. etliche Maßnahmen zur Luftreinhaltung und Reinhaltung der Gewässer, die Errichtung von Kulturinstituten in anderen Teilnehmerstaaten, den ungehinderten öffentlichen Zugang zu Kulturveranstaltungen, unbeschränkte Kontakte zwischen Universitäten und Forschungseinrichtungen sowie eine stärkere Bewusstseinsbildung bezüglich des kulturellen Erbes.

Bei der Konferenz zur „Menschlichen Dimension" in Paris im historischen Jahr 1989 war der Beschluss zur „Schaffung eines gemeinschaftlichen Rechtsraumes auf der Basis eines Europas der Rechtsstaaten" ein wichtiges Ergebnis. Eine erste Phase sah eine vergleichende Untersuchung von Gesetzgebung, Recht-

---

[10]  Vgl. Wilfried von Bredow (1992), S. 130-132.
[11]  Vgl. Hans-Heinrich Wrede (1990), S. 103-105.

18

sprechung und rechtlichem Schutz im Bereich der Menschenrechte vor.[12]

## 2.3  Zusammenarbeit der KSZE mit Mittelmeerländern

Die Ergebnisse der Schlussakte von Helsinki zu Fragen der Sicherheit und Zusammenarbeit im Mittelmeerraum wurden auf den Folgekonferenzen vertieft. Die Teilnehmerstaaten brachten jeweils zum Ausdruck, dass die Sicherheit in Europa mit der Sicherheit im Mittelmeerraum in seiner Gesamtheit eng verbunden ist. In Anerkennung der bestehenden bilateralen und multilateralen Formen der Zusammenarbeit sprachen sie sich für gutnachbarliche Beziehungen und intensivere Bemühungen im wirtschaftlichen, wissenschaftlichen und kulturellen Bereich sowie im Umweltsektor aus.[13] Auf einem Expertentreffen in Valletta (Malta) vom 13. Februar bis 26. März 1979 und einem Seminar in Venedig vom 16. bis 26. Oktober 1984 wurden hierzu in Anwesenheit von Vertretern der o.a. Mittelmeerstaaten detaillierte Vorschläge unterbreitet. Dabei standen u.a. neue Transporttechnologien, verbesserte maritime Navigationssysteme, Lösungsansätze für Wanderarbeitnehmer und die Verwirklichung eines Mittelmeer-Aktionsplans im Umweltschutz im Vordergrund. Die konstruktive Rolle der zuständigen Organisationen der Vereinten Nationen wurde bei der Lösung der bereits laufenden und angeregten Vorhaben besonders betont. Sitzungsende und Abschlussbericht des KSZE-Treffens in der Hauptstadt Maltas, Valletta, fiel gezielt mit der Unterzeichnung des Camp-David-Friedens am 26. März 1979 in Washington zusammen. Damit wurde erneut die Tragweite des ersten greifbaren Friedenswerks zwischen Israelis und Arabern auch für die gesamte Mittelmeerpolitik der KSZE unterstrichen. Die

---

[12]  Vgl. Klaus Dicke (1989), S. 8.
[13]  Vgl. Theodor Schweisfurth u. Karin Oellers-Frahm (Hrsg.) (1993), S. 173.

Präsidenten der USA und der UdSSR, George Bush und Michail Gorbatschow, bekräftigten die Bedeutung des Inselstaats für eine Nah-Ost-Friedensregelung am 2. und 3. Dezember 1989 mit einem informellen Gipfeltreffen auf dem sowjetischen Kreuzfahrtschiff Maxim Gorki vor Malta mit anschließender Pressekonferenz in Valletta. Dabei erörterten sie auch Lösungen der Probleme speziell im Libanon und in Jordanien.[14] Auch Besuche von Papst Johannes Paul II. in den Jahren 1990 und 2001 und von Benedikt XVI. im April 2010 auf Malta standen in diesem friedlichen Kontext. Sie offenbarten einen Bezug zum Aufenthalt des Apostels Paulus auf der Insel 60 n. Chr.

---

[14]  Vgl. Archiv der Gegenwart (1989), S. 34012-34017.

# 3. Bedeutsame kulturelle Bindungen zwischen den beiden deutschen Staaten in den 80er Jahren

## 3.1 Friedensarbeit von Kirchen und unabhängigen Gruppen

Erst nach Bau der Berliner Mauer fanden in der DDR eigene evangelische Kirchentage statt. Die langjährige gemeinsame Tradition hatte jedoch Bande geschmiedet, die sich auch in den Jahren der Trennung als äußerst wertvoll erwiesen. Gemeinsame Themen auf Kirchentagen in Ost und West und die beharrlichen Bemühungen der ökumenischen Bewegung um Entspannung zeugen von Kontakten, die auch unter den beschwerlichen Verhältnissen aufrechterhalten wurden. Die Kirchen in der DDR entfalteten dabei eine außergewöhnliche Dynamik und Kreativität, die sie zum wichtigsten Part beim Einigungsprozess machten.

Bereits in den 70er Jahren befassten sich Friedensgruppen im Umfeld der DDR-Kirchen mit der Militarisierung der Gesellschaft, mit der Wehrdienstverweigerung sowie mit Menschenrechts-, Umwelt- und Dritte-Welt-Fragen. Anfang der 80er Jahre prägten Friedensdekaden und -foren, Protestveranstaltungen und Abrüstungsinitiativen im Zusammenhang mit dem NATO-Doppelbeschluss die kirchlichen Aktivitäten. An den Protesten, die das Ausmaß der zeitgleichen Demonstrationen in der Bundesrepublik durchweg nicht erreichten, beteiligten sich auch autonome Friedensgruppen. Gegen Mitte und Ende der Dekade boten die kirchlichen Einrichtungen verstärkt unabhängigen Friedens- und Umweltgruppen und der die staatlichen Regulierungen meidenden freien Kulturopposition Zuflucht in ihren Räumlichkeiten vor willkürlichen Verfolgungsaktionen des Stasi-Apparats. Speziell die Durchführung von gesellschaftskritischen Ausstellungen, Theatervorführungen und Lesungen in privaten Ateliers, Clubs und Wohnungen war bei zunehmender Überwachung schwieriger geworden.

Die unabhängige Musikszene, die einen wichtigen Beitrag für die Befreiung der jungen Generation aus den engen, auf Gleichförmigkeit und Anpassung ausgerichteten Strukturen der sozialistischen Gesellschaftsordnung leistete, hatte in diesen Jahren weniger Schwierigkeiten mit staatlichen Repressionen.[15] Die SED-Machthaber fügten sich dem Trend der Zeit und legalisierten mit einer neuen Jugendpolitik den Auftritt von zahlreichen, auch westlichen Rock- und Pop-Gruppen. Besonders populär war das von 1982 bis 1987 stattfindende Berliner Festival „Rock für den Frieden".[16] Auch die Punkmusik, die zunächst wie die gesamte Punkbewegung massiv vom Ministerium für Staatssicherheit verfolgt und unterwandert wurde, konnte sich ab 1986 relativ frei entfalten.

Das Katholikentreffen 1987 in Dresden mit mehr als 100.000 Gläubigen und auswärtigen Würdenträgern, die regionalen evangelischen Kirchentage 1988/89 in Halle, Erfurt, Görlitz, Rostock und Leipzig und die ökumenischen Veranstaltungen für Gerechtigkeit, Frieden und Bewahrung der Schöpfung im Februar und Oktober 1988 und April 1989 in Magdeburg bzw. Dresden bereiteten zunehmend den Boden für kritische Reflexionen und eine zunächst noch latente Aufbruchsstimmung in der gesamten DDR. Die Entwicklung wurde forciert durch ökologische Publikationen vor allem in den Umweltblättern der Umwelt-Bibliothek Berlin, den kirchlichen Arche-Infos und in der Untergrundzeitschrift Arche Nova, die sich vornehmlich mit den enormen Umweltbelastungen im Chemiedreieck Halle-Leipzig-Bitterfeld, dem Waldsterben, dem Städteverfall und der Zerstörung der Natur durch maßlose Braunkohlelandschaften befassten.[17] Mit zunehmender Verschlechterung der gesamtwirtschaftlichen Lage im Jahr 1989 und der einsetzenden Massenflucht rückten dann auch Friedensgebete mit politischer Relevanz in den Vordergrund. Die Kirchen waren nun Hort und

---

[15] Vgl. Hans-Joachim Veen u.a. (Hrsg.) (2000), S. 234.
[16] Vgl. Ulrich Dibelius u. Frank Schneider (Hrsg.) (1999), S. 422.
[17] Vgl. Hans-Joachim Veen u.a. (Hrsg.) (2000), S. 53-55.

Motor der Friedensbewegung und lösten zusammen mit führenden Bürgerrechtlern die rapide anwachsenden Proteste in Leipzig und anderen Städten der DDR aus.

## 3.2 Erinnerungskultur

Besonders ausgeprägt in der DDR war die Pflege des großen kulturellen Erbes. In den 80er Jahren wurde jedes Jahr mit hervorgehobenen Veranstaltungen einer oder mehrerer Persönlichkeiten gedacht, oft im Rahmen einer offiziellen DDR-Ehrung. Diese hatten in den vergangenen Jahrhunderten in der Literatur, Musik, Kunst oder auch Religion Außergewöhnliches geleistet und waren in aller Regel mit dem Staatsgebiet eng verbunden. In vielen Fällen wurden die Ehrungen von der SED-Führung wegen der nahen Verquickung mit dem Kulturerbe der Bundesrepublik auch propagandistisch missbraucht. Im Besonderen wurde 1981 an die Komponisten Robert Schumann und Georg Philipp Telemann, den Architekten Karl Friedrich Schinkel und den Schriftsteller Gotthold Ephraim Lessing, 1982 an Johann Wolfgang Goethe, 1983 an den Reformator Martin Luther und den Komponisten Richard Wagner, 1984 an den Leipziger Gewandhauskapellmeister Felix Mendelssohn-Bartholdy, den Maler Max Beckmann, den Naturforscher Alexander von Humboldt und an Friedrich Schiller erinnert. 1985 waren es der Leipziger Thomaskantor Johann Sebastian Bach, der gebürtige Hallenser Georg Friedrich Händel und der Dresdner Hofkapellmeister Heinrich Schütz, 1986 Preußenkönig Friedrich II., der Maler Lucas Cranach d.J. und der Namenspatron der Magdeburger Universität, Otto von Guericke, 1987 der Erbauer des Dresdner Zwingers Daniel Pöppelmann und Gerhart Hauptmann, 1988 Theodor Storm, Bertolt Brecht und der Architekt der Dresdner Frauenkirche George Bähr und 1989 der evangelische Theologe und Revolutionär Thomas Müntzer.

Anlässlich Goethes 150. Todestags fanden u.a. Ausstellungen, Kolloquien oder Vorträge in Greifswald, Leipzig, Rostock und Weimar statt, darunter eine Sonderausstellung während der Internationalen Buchkunst-Ausstellung in Leipzig.

Zum 225. Geburtstag Schillers veröffentlichte das Berliner Zentralinstitut für Bibliothekswesen zusammen mit der Stadt- und Bezirksbibliothek Dresden ein Autorenporträt des Dichters. Zum 300. Jahrestag von Bachs und Händels Geburtstag und zum 400. Jahrestag des Geburtstags von Schütz präsentierten sich bei den 34. Händelfestspielen in Halle auserlesene internationale Dirigenten, Solisten, Chöre und Orchester. Der Rundfunk der DDR als größter Musikproduzent und -verbreiter engagierte sich besonders. Er übertrug am 30. März des Gedenkjahrs Bachs Komposition „Das musikalische Opfer", die aus der historischen Begegnung des Musikers mit Friedrich II. im Jahr 1747 resultierte. Die Huldigungen für den in Stolberg/Harz geborenen Thomas Müntzer beendigten den Reigen. Zum 500. Jahrestag seines Geburtstags im Revolutionsjahr 1989 gab es ebenfalls eine Reihe von Sonderausstellungen, Publikationen und Vorträgen.

## 3.3   Deutsch-deutsches Kulturabkommen

Nach dem Inkrafttreten des Kulturabkommens zwischen der Bundesrepublik und der DDR förderten zahlreiche Aktivitäten auf den Gebieten Kultur, Kunst, Bildung und Wissenschaft sowie Sportlertreffen nachhaltig den Versöhnungsprozess. Das Abkommen beruhte auf dem Grundlagenvertrag von 1972. Am 9. November 1987 einigten sich die beiden Staaten in Ost-Berlin auf etwa 100 Vorhaben der kulturellen Zusammenarbeit in 1988/89, zum Beispiel: [18]

---

[18]   Vgl. Dorothee Wilms, Bundesministerin (1989), S. 25; Bundesministerium für innerdeutsche Beziehungen (Hrsg.) (1989), S. 24-26.

Ausstellungen zu Georg Büchner in Weimar und zu Mies van der Rohe in Weimar und Dessau, Theatergastspiele des Berliner Grips-Theaters in Dresden, Karl-Marx-Stadt und Halle und der Berliner Schaubühne in Weimar, Buchausstellungen des Frankfurter Börsenvereins in Ost-Berlin, Rostock, Dresden und Weimar und eine Tournee junger Preisträger des DDR-Musikwettbewerbs durch mehrere Städte der Bundesrepublik. In der mit der Unterzeichnung des Kulturabkommens verknüpften Hessentagsstadt Herborn fand bereits 1984 anlässlich des 400-jährigen Jubiläums der ehemaligen Hohen Schule eine bemerkenswerte, Ost und West überbrückende Kulturveranstaltung statt. An einem von der Stiftung Volkswagenwerk geförderten Comenius-Colloquium nahmen u.a. Wissenschaftler aus der DDR, Ungarn, Rumänien und der Tschechoslowakei teil. Der renommierte Bochumer Pädagoge Prof. Dr. Dr. h.c. Klaus Schaller hielt am 3. Oktober 1984 den Abschlussvortrag.

### 3.4 Städtepartnerschaften

Ab 1986 wurden auch die ersten Städtepartnerschaften zwischen der DDR und der Bundesrepublik vereinbart. Der erste Abschluss kam nach Intervention des saarländischen Ministerpräsidenten Oskar Lafontaine und des DDR-Staatsratsvorsitzenden Erich Honecker zwischen Saarlouis und Eisenhüttenstadt zustande (19.9. und 6.10.1986). Honecker erklärte die Bündnisse zur Chefsache und machte eine Vielzahl der Vereinbarungen von seiner Zustimmung abhängig. Der Weg bis zur Vereinigung war in der Regel beschwerlich und auch nach Unterzeichnung der Urkunden noch mit erheblichen Problemen belastet. Dennoch gab es schon Anfang 1989 annähernd 50 deutsch-deutsche Städtepartnerschaften, die trotz SED-genehmer DDR-Delegationen und Abschirmungsversuchen durch den Staatssicherheitsdienst die Verständigung zwischen den beiden Staaten förderten. 1989 und 1990 nahmen sie weiter zu und stärkten mit Erfolg die demokratische Aufbruchsstimmung in der DDR und den deutschen Einigungsprozess.

Oft war das gemeinsame kulturelle Erbe der Städte ausschlaggebend für die partnerschaftlichen Verbindungen. Bei Naumburg/ Saale und Aachen (17.5. und 30.5.1988) war die Karlsgeschichte das Bindeglied. Passionsreliefs am Westlettner und Stifterfiguren im Westchor des Naumburger Doms St. Peter und Paul stammen allem Anschein nach aus der gleichen Bildhauerwerkstatt wie vollendete Kunstwerke der eng mit Karl dem Großen und seinen Nachfolgern verbundenen Kathedralen von Noyon, Reims, Amiens und Metz und auch des Mainzer Doms.[19] Bei Marburg und Eisenach (27.5. und 10.6.1988) ist das gemeinsame Luther- und Elisabetherbe hervorzuheben. Die Eisenacher Georgenkirche steht zudem exemplarisch für die große Tradition zahlreicher Regionen in der früheren DDR: Johann Sebastian Bach wurde hier getauft und Martin Luther war in der Kirche als Prediger tätig. Bei Bremen und Rostock (18.8. und 3.9.1987), die beide bereits vor der friedlichen Revolution mit der bedeutenden chinesischen Hafenstadt Dalian partnerschaftlich verbunden waren, bildete die gemeinsame Tradition als Hansestädte die Grundlage der Liaison. Bei Erlangen und Jena (19.3. und 8.4.1987) war neben der wirtschaftlichen, universitären und räumlichen Verbundenheit das gemeinsame Geschichtserbe besonders zu Beginn des 11. Jahrhunderts maßgebend. Der letzte Ottonenherrscher und Kaiser im Heiligen Römischen Reich, Heinrich II. (973 – 1024), der im Saum seines als Reliquie verehrten Sternenmantels als „Zierde Europas" bezeichnet wird, ist eng mit den Ursprüngen der beiden Städte verknüpft.[20] Die Städtepartnerschaft wurde besiegelt im 750. Jubiläumsjahr des Bamberger Doms (Eckbertdom), in dem Heinrich II. und seine Gemahlin Kaiserin Kunigunde (von Luxemburg) ihre letzte Ruhestätte fanden. Der Dom ist die Kathedralkirche des Erzbistums, zu dem auch Erlangen gehört.

---

[19]  Vgl. DKV-Kunstführer (2007), S. 19.
[20]  Vgl. Ramona Wiesner (4/2002), S. 1.

## 3.5   750 Jahre Berlin

1987 feierte Berlin in Ost und West mit faszinierenden nationalen und internationalen Darbietungen die erste urkundliche Nennung der Stadt mit der Erwähnung Cöllns an der Spree im Jahr 1237. Die mit großem finanziellen Aufwand durchgeführten Jubiläumsfeierlichkeiten übertrafen alle bisherigen Festivitäten in der geteilten Stadt und wurden von beiden Seiten politisch instrumentalisiert. Die DDR zeigte keine Skrupel hinsichtlich ihres maroden Staatshaushalts und zelebrierte ein immenses Festprogramm, das am 1. Januar mit einem großen Neujahrskonzert begann und am 31. Dezember mit Beethovens 9. Sinfonie endete. Herausragend waren der historische Festzug und der historische Markt, das Berliner Wasserfest, der Rock- und Theatersommer, grandiose Gastspiele von Orchestern, Balletten, Chören und Theatergruppen aus zahlreichen Ländern der Welt, eine Reihe fachkundiger Ausstellungen und Konferenzen und der Staatsakt zur 750-Jahr-Feier am 23. Oktober des Jahres. Besondere friedenspolitische Akzente setzte die DDR bei einem Treffen der Bürgermeister und Delegationen aus 83 Ländern und 168 Städten, darunter Hiroshima, Nagasaki und Helsinki. Die Aktion passte zu der großflächigen Jahr-2000-Plakatierung beim Festzug, die medienwirksam und für jedermann ins Auge fallend Atomwaffenfreiheit im neuen Jahrtausend in den Vordergrund stellte.[21]

Die Jubiläumsfeierlichkeiten in Westberlin erstreckten sich über sechs Monate von April bis Oktober 1987. Highlights im Sport waren das 27. Deutsche Turnfest, die Auftaktveranstaltung zur 74. Tour de France mit Prolog und erster Etappe und das internationale ADAC-Avus-Rennen. Etliche Volksfeste in den Stadtteilen, ein historischer Markt, das Open-Air-Festival am Großen Stern und die musikalisch brillanten „SternStunden" rund um die Victoria auf der Siegessäule mit den Themen preußische

---

[21]   Vgl. Büro für nationale Jubiläen beim Ministerium für Kultur (1988), S. 65.

Romantik, goldene Zwanziger, Nachkriegszeit „Da machste wat mit" und Opernweltstadt Berlin zogen Groß und Klein der Westberliner in ihren Bann.

Internationale Konzerte und Theateraufführungen u. a. des Jerusalem Symphony Orchestra, des Burgtheaters Wien, der Philharmonic Soloists of Japan und des Orchestre de Paris sowie anspruchsvolle Konferenzen und Ausstellungen beispielsweise zu den Themen 40 Jahre Marshall-Plan, Luftreinhaltung in europäischen Großstädten, internationale Botanik, Habitat 87 und Internationale Bauausstellung bildeten auch hier besondere Glanzpunkte. Der Regierende Bürgermeister Eberhard Diepgen war bestrebt, in den offiziellen Publikationen zur Feier die Stadt möglichst als einheitliches Gebilde darzustellen. Mehr war nicht machbar. Eine gemeinsame Ausrichtung oder Koordinierung der Festivitäten scheiterte bereits im Vorfeld an der stets entschiedenen Ablehnung der SED-Führung.[22] Dennoch konnten beachtenswerte grenzüberschreitende Effekte erzielt werden. Mit seinen vielschichtigen Darbietungen schärfte das Jubiläum das Problembewusstsein der Bevölkerung hinsichtlich der besonderen Stellung der geteilten Stadt und belebte die Erinnerung an die gemeinsame Vergangenheit der Berliner in Ost und West.

### 3.6 Olympische Spiele, Paralympics und Fußball-Europameisterschaft im Jahr 1988

Sowohl bei den Olympischen Sommerspielen 1988 in der südkoreanischen Hauptstadt Seoul als auch bei den Olympischen Winterspielen in der Umgebung von Calgary (Kanada) holte die DDR nach der UdSSR die meisten Medaillen. Die Erfolgsbilanz war das Ergebnis einer besonders ausgeprägten Förderung des Leistungssports von der Talentsichtung in Kindergärten und Schulen bis zur intensiven Ausbildung in Sportzentren und an

---

[22]  Vgl. Sonja Ecker (2001), S. 39, 40 u. 73.

28

Universitäten. Bei Nachwuchstalenten und Spitzensportlern wurden dabei auch Dopingmittel unter ärztlicher Kontrolle und wissenschaftlicher Beobachtung angewendet, die gewöhnlich ohne Wissen der Sportler oder mit falschen Angaben über Zielsetzung und Auswirkungen der Anabolika bei der Nahrungsmitteleinnahme verabreicht wurden. Erst nach dem Fall der Berliner Mauer wurde das gesamte Ausmaß des Skandals deutlich, der bei zahlreichen Sportlern zu gesundheitlichen Langzeitschäden führte.

Während der Olympischen Spiele zeigten sich etliche Athleten der DDR weitgehend unberührt von staatlich gesteuerten Abkapselungsversuchen und Überwachungsmaßnahmen des Staatssicherheitsapparats. Sie schlossen mitunter Freundschaften mit ihren sportlichen Rivalen aus der Bundesrepublik und trugen zu einer Verbesserung der Beziehungen zwischen den beiden deutschen Staaten bei. Es war deshalb bedauerlich, dass die DDR zu den Sommer-Paralympics in Seoul keine eigene Mannschaft entsandte und bei der Qualifikation zur Fußball-Europameisterschaft in der Bundesrepublik als Tabellenzweiter in der Vorrunde ausschied.

Die olympischen Siegermedaillen in Seoul zeigen auf der Vorderseite das vom Florentiner Künstler Giuseppe Cassioli geschaffene Bildnis einer Siegesgöttin mit Kranz und Palmenzweig und auf der Rückseite neben dem Emblem der Spiele eine aufwärts fliegende Taube, die einen Lorbeerzweig im Schnabel hält.[23] Das Frontmotiv wurde bei allen Spielen von Amsterdam (1928) bis Sydney (2000) einheitlich gewählt und danach mit anderer Pose der Siegesgöttin gestaltet. Die Rückseite wurde jeweils unterschiedlich geprägt. Bei den vom Anschlag auf die israelischen Sportler überschatteten Olympischen Sommerspielen 1972 in München nutzte man ein vom Bildhauer Prof. Gerhard Marcks entworfenes Kastor-und Pollux-Motiv aus der griechischen Sagenwelt mit zwei sich brüderlich umarmenden

---

[23]   Vgl. Volker Kluge (2001), S. 239.

Athleten.[24] 140 Jahre nach dem Tod Johann Wolfgang Goethes symbolisierten sie die Verbundenheit der Nationen und stellten mehr oder weniger lebensecht mit die Weichen für die Unterzeichnung des deutsch-deutschen Grundlagenvertrags am 21. Dezember 1972 im Olympiajahr.

## 3.7    50. Jahrestag der Reichskristallnacht

Am 9./10. November 1938 erreichte die Verfolgung der jüdischen Bevölkerung im Deutschen Reich einen dramatischen Höhepunkt. Über 100 Tote, nahezu 200 in Brand gesetzte und geschändete Synagogen, 7500 zerstörte jüdische Geschäfte und 20.000 verhaftete und anschließend in Konzentrationslager verschleppte Juden sind die traurige Bilanz eines Pogroms, der das unsagbare Verbrechen der Nationalsozialisten und ihrer Sympathisanten am Judentum mit aller Deutlichkeit aufzeigt. 50 Jahre nach diesem Ereignis fand am 9. November in Darmstadt die Einweihung einer neuen Synagoge und eines Gemeindezentrums statt. In Ost-Berlin erfolgte in Anwesenheit Erich Honeckers die symbolische Grundsteinlegung zum Wiederaufbau der Vorderfront der durch Pogrom, Bombenangriffe und Sprengung weitgehend zerstörten Synagoge in der Oranienburger Straße. Sie war über 120 Jahre vorher, am 5. September 1866, feierlich eröffnet worden.[25] Die im Juli 1988 gegründete Stiftung „Neue Synagoge Berlin – Centrum Judaicum" hatte sich zum Ziel gesetzt, mit einem Archiv, einem Dokumentationszentrum, einem Museum und einem Gebetsraum den jüdischen Geist und das jüdische Leben an dieser historischen Stätte neu zu beleben.[26] Genau ein Jahr nach diesem feierlichen Zeremoniell in den beiden deutschen Staaten fiel die Berliner Mauer.

---

[24]    Vgl. Josef Eberhardt (1988), S. 297.
[25]    Vgl. Hermann Simon (1997), S. 22 u. 23.
[26]    Vgl. Hermann Simon (1995), S. 36-38.

# 4. Frühe Reformbewegungen in den Ostblockstaaten

Die KSZE-Folgekonferenzen und die „Glasnost"- und „Perestroika"-Politik Gorbatschows führte dazu, dass in fast allen mittel- und osteuropäischen Staaten Forderungen nach demokratischen Reformen laut wurden. Ab 1988/89 wurde die Entwicklung flankiert von zunächst sporadischen Bürgerprotesten und Demonstrationen, die zunehmend auf eine Verwirklichung staatlicher Souveränität und auch auf eine Abschaffung des kommunistischen Systems drängten. Den gesellschaftlichen Umbruch vollzogen als erste Ungarn und Polen. Wenige Tage nach Fall der Berliner Mauer folgten die ČSSR und zunächst mit Sturz und Hinrichtung des Diktators Nicolae Ceauşescu Rumänien. Staatsbesuche westlicher Regierungschefs in den kommunistischen Ländern und bilaterale Kooperations- und Handelsabkommen der EG mit Ungarn (26. September 1988), der ČSSR (19. Dezember 1988) und Polen (19. September 1989) unterstützten den Wandel. Von Vorteil war auch eine multilaterale Umweltkonferenz am 29. und 30. Mai 1989 in Prag, auf der sich die Tschechoslowakei, Ungarn, die DDR, Polen, die Sowjetunion, Österreich, die Bundesrepublik sowie Vertreter der Europäischen Gemeinschaft und des Rates für gegenseitige Wirtschaftshilfe auf eine verstärkte Zusammenarbeit beim Umweltschutz verständigten. Die Bundesrepublik hatte bereits bilaterale Vereinbarungen über eine diesbezügliche kontinuierliche Zusammenarbeit mit der DDR (8. September 1987), der ČSSR (5. Oktober 1987), Ungarn (12. Dezember 1988) und Bulgarien (14. April 1989) abgeschlossen.[27]

---

[27] Am 8. September 1987 erfolgte auch die Unterzeichnung eines Abkommens über den Informations- und Erfahrungsaustausch auf dem Gebiet des Strahlenschutzes und eines Abkommens über die Zusammenarbeit in Wissenschaft und Technik zwischen der Bundesrepublik und der DDR in Bonn durch die Fachminister in Anwesenheit von Bundeskanzler Helmut Kohl und Generalsekretär Erich Honeker.

In Polen kündete die Wahl des Erzbischofs von Krakau, Karol Wojtyla, zum Papst Johannes Paul II. im Oktober 1978 und die Gründung des Dachverbands unabhängiger Gewerkschaften Solidarność zwei Jahre nach dem Camp-David-Rahmenabkommen am 17. September 1980 frühzeitig eine mögliche Auflockerung des starren kommunistischen Blocks an. Das unnachgiebige Einschreiten des polnischen Militärregimes gegen das Streben nach Freiheit und Selbstbestimmung mit der Verhaftung führender Gewerkschaftler, Verbot der Solidarność und Ausrufung des Kriegszustands verhinderte jedoch zunächst über Jahre jegliche weitere Öffnung und Reformen. Nach jahrelangen Bemühungen insbesondere auch des Papstes um eine demokratische Lösung führten Gespräche am Runden Tisch ab Februar 1989 zur erneuten Zulassung der Solidarność und halbdemokratischen Wahlen zum Sejm im Juni 1989. Sie hatten einen überwältigenden Wahlsieg der Opposition und die Ernennung des ersten nicht kommunistischen Ministerpräsidenten seit 1947 im August des Jahres zur Folge.

In Ungarn waren es zunächst ökonomische Liberalisierungsmaßnahmen, die nach Aufnahme des Landes in den Internationalen Währungsfonds und die Weltbank (1982) schrittweise Reformen ermöglichten. Weitere demokratische Impulse gingen dann insbesondere von dem KSZE-Kulturforum in Budapest (1985) und von der Eröffnung eines Kultur- und Informationszentrums der Bundesrepublik in der ungarischen Hauptstadt im März 1988 aus. Ein Vereins- und Versammlungsgesetz erlaubte ab Januar 1989 die Gründung politischer Parteien und Organisationen, die sich partiell bereits 1988 informell gebildet hatten. Dazu gehörte auch der Bund Junger Demokraten am 30. März 1988, aus dem sich die derzeitige Regierungspartei Ungarns (FIDESZ) entfaltete. Nach mehrmonatigen Plenarberatungen des Runden Tisches (Dreieckstisch) von Juni bis September 1989 rief Parlamentspräsident Mátyas Szúrös am 23. Oktober 1989 die Republik Ungarn aus.

Höhepunkte der Reformbestrebungen in den übrigen mittel- und osteuropäischen Staaten waren in dieser Zeit:

- Die Auflösung einer Kundgebung von rund 2000 Katholiken in der slowakischen Hauptstadt Bratislawa, die für Religionsfreiheit demonstrierten, am 25. März 1988 durch die Polizei. Bis zu diesem Zeitpunkt hatten in der gesamten Tschechoslowakei seit Jahresbeginn etwa 400.000 Personen eine Petition unterzeichnet, die eine Trennung von Kirche und Staat einforderte.[28]
- Der Appell von 1800 ČSSR-Bürgern an die Regierung vom 29. Juni 1989 im Hinblick auf einen fundierten Dialog über tiefgreifende demokratische Reformen des politischen Systems. Die Aktion wurde mehrheitlich von Mitgliedern der Charta 77 und bekannten Künstlern getragen.
- Die „Singende Revolution" im Baltikum ab 1987/88 mit Freiheitsliedern und der Forderung nach Unabhängigkeit bei Sängerfesten, öffentlichen Kundgebungen und sonstigen Zusammenkünften. Besonders beeindruckend war die Bildung einer 600 km langen Menschenkette von Tallinn über Riga nach Vilnius am 23. August 1989, dem 50. Jahrestag des Hitler-Stalin-Pakts.
- Die Unterzeichnung eines Abkommens über den Austausch von Kulturinstituten zwischen der Bundesrepublik und Bulgarien im November 1988 und die gleichzeitige Entstehung mehrer bulgarischer Menschenrechts- und Umweltgruppen.
- Die anhaltende Kritik in der Ukraine an sowjetischen Behörden nach dem Reaktorunfall in Tschernobyl (1986), Demonstrationen in Galizien für die Autonomie des Landes ab 1988 und die Gründung der ukrainischen Nationalbewegung RUCH im September 1989.

- Die slowenischen und kroatischen Unabhängigkeitsbemühungen in der Sozialistischen Föderativen Republik Jugoslawien ab Anfang 1989 mit Parteigründungen und der Inkraftsetzung einer auf Eigenständigkeit abzielenden Ver-

---

[28]  Vgl. Archiv der Gegenwart (1988), S. 32126.

fassung bzw. entsprechenden wahlgesetzlichen Bestimmungen. Auch das slowenische Parteipräsidium forderte nach Gründung der Oppositionspartei „Slowenische Demokratische Union" die Schaffung eines Mehrparteiensystems in Jugoslawien, um in einem offenen sozialistischen System die Menschenrechte und Freiheiten der Bürger zu achten.[29]

Die demokratische Umgestaltung wurde auch positiv beeinflusst von dem Engagement einer Reihe von Gesellschaften und Organisationen, die meist seit vielen Jahren eine wesentliche Kontaktschiene zu den mittel- und osteuropäischen Staaten bildeten. Genannt seien vor allem Paneuropa-Union, Südosteuropa-Gesellschaft, Deutsche Gesellschaft für Osteuropakunde, Deutsch-Tschechische und Slowakische Gesellschaft, Deutsch-Ungarische Gesellschaft, Deutsch-Baltische Gesellschaft, Deutsch-Ukrainische Gesellschaft, Bundesverband Deutsch-Polnischer Gesellschaften und Comeniusforschungsstelle im Institut für Pädagogik der Ruhr-Universität Bochum.

---

[29]    Vgl. Archiv der Gegenwart (1989), S. 33106.

# 5. Der Aufbruch der DDR-Bürger in die Demokratie

In den 80er Jahren wurde immer deutlicher, dass kommunistische Planwirtschaft und Staatssozialismus die Anforderungen an eine moderne arbeitsteilige Wirtschaft nicht erfüllen konnten. Aus Angst vor sozialen Unruhen und in völliger Überschätzung der Wirtschaftskraft des Landes stockte die DDR-Regierung in zwei Dekaden dringliche Sozialleistungen und Subventionen von 11 Milliarden Mark (1970) auf 61 Milliarden Mark (1988) auf und finanzierte die Mehrkosten überwiegend durch eine Schuldenaufnahme im westlichen Ausland. Die staatliche Prioritätensetzung und die Tilgung der Schulden in Höhe von 49 Milliarden Valutamark (1989) hatten zur Folge, dass die Finanzmittel für dringend notwendige Investitionen zur Modernisierung der Wirtschaft fehlten und der Industrie -und Maschinenpark kontinuierlich veraltete.[30] Dies wirkte sich auf die Arbeitsproduktivität der DDR-Wirtschaft aus, die 1988 nur noch 20 bis 25 Prozent des vergleichbaren Werts der Bundesrepublik betrug. Fehlinvestitionen in den Aufbau einer leistungsfähigen mikroelektronischen Industrie, unterdurchschnittliche Ernten, eine Verrottung des Altbestands an Wohnungen, mangelhaft wettbewerbsfähige Produkte und eine überaus negative Handelsbilanz engten den Handlungsspielraum weiter ein und bewirkten, dass im Herbst 1989 der Zusammenbruch der gesamten Wirtschaft und ein Staatsbankrott unmittelbar bevorstanden.[31]

Die DDR-Bevölkerung war für gewöhnlich im Bilde über das Wohlstandsgefälle im Vergleich zum Westen. Das gesamte Ausmaß der staatlichen Probleme im Finanzsektor war ihr jedoch nicht bewusst. Sie registrierte zunehmend die erheblichen Modernisierungsrückstände und die verheerenden Umwelt- und Naturbelastungen in weiten Teilen des Landes und formierte sich zu Protesten. Die am 6. Juli 1989 in Bonn zwischen

---

30     Vgl. Heike Christina Mätzing u.a. (2010), S. 33.
31     Vgl. Hans-Hermann Hertle (1999), S. 144 u. 145.

den beiden Umweltministern der Bundesrepublik und der DDR, Prof. Dr. Klaus Töpfer und Dr. Hans Reichelt, vereinbarten sechs Umweltschutzprojekte in der DDR setzten zwar ein bedeutendes Signal in der Phase der technischen und finanziellen Zusammenarbeit der beiden Länder, ließen jedoch noch zahlreiche Fragen hinsichtlich der drängenden Umweltprobleme offen. Die Maßnahmen mit einem Gesamtvolumen in Höhe von 770 Millionen DM (bis 1993) waren vorrangig zur Verringerung der Luftverunreinigungen und zur Senkung der Schadstoffbelastung von Elbe und Saale vorgesehen.

Zur massiven Gegenwehr der Bürger führte die Kommunalwahl am 7. Mai 1989. Die offensichtliche Fälschung der Wahl löste erhebliche Protestaktionen aus, die auch Monate danach noch anhielten und am 6. Mai 1990 eine Wiederholung in einem freien und demokratischen Wahlakt bewirkten. Die Kritik wurde verstärkt durch die demokratischen Reformbemühungen in Ungarn und Polen und den Staatsbesuch Gorbatschows in Bonn vom 12. bis 15. Juni 1989, der trotz Zensur und Medienmanipulation in der DDR für weite Kreise eine zukunftsgestaltende Politik über Grenzen hinweg sichtbar machte. Die Zerschneidung des Eisernen Vorhangs zwischen Ungarn und Österreich am 2. Mai 1989 und in einer publikumswirksamen Symbolhandlung erneut am 27. Juni 1989 durch die Außenminister der beiden Länder, Gyula Horn und Alois Mock, förderte zudem den Drang nach Freiheit und Überwindung der Absperrung.

Nach der Flucht zahlreicher DDR-Bürger in die bundesdeutschen Botschaften in Budapest, Prag und Warschau ab Juli/August 1989 führten ein „paneuropäisches Picknick" bei Sopron im Westen Ungarns, die Öffnung der ungarisch-österreichischen Grenze ab 10./11. September für DDR-Bürger, zwei Sonderzugaktionen mit Botschaftsflüchtlingen aus Prag und Warschau in der Nacht zum 1. Oktober und am 4. Oktober und die Ausreisemöglichkeit von Staatsangehörigen der DDR über das Gebiet der ČSSR ab 3. November zu einer enormen Ausreisewelle und Massenflucht. Vom 1. Januar bis zum 9. November 1989 trafen über 225.000 Flüchtlinge und Übersiedler aus der DDR in der Bundesrepublik ein.

Die in etwa parallel zur Massenflucht einsetzenden Demonstrationen in der DDR wurden am 14. Juli 1989, dem 200. Jahrestag des Sturms auf die Bastille in Paris während der Französischen Revolution, durch zwei herausragende musikalische Darbietungen in Ost-Berlin belebt: Im Schauspielhaus spielte das Orchester des Schleswig-Holstein Musik-Festivals mit Leonard Bernstein Werke von Mendelssohn-Bartholdy, Debussy und Berlioz. In der deutschen Staatsoper und zeitgleich in den Opernhäusern von Karlsruhe und Essen ging die Uraufführung der Oper von Siegfried Matthus „Graf Mirabeau" über die Bühne und deutete in Verbindung mit Herborn auch hier einen Davidsbezug an. Die Stadt an der Dill war am 14. Juli 1968, im 1200. Jahr der Königskrönung Karls des Großen am 9. Oktober 768, eine Städtepartnerschaft mit der südfranzösischen Stadt Pertuis (Dep. Vaucluse, Provence) eingegangen, in deren Kanton das Stammschloss der Familie des eng mit der Erklärung der Menschen- und Bürgerrechte der Französischen Revolution verknüpften Protagonisten der Oper liegt.

Die erste Montagsdemonstration am 4. September 1989 in Leipzig nach einem Friedensgebet in der Nikolaikirche forderte Versammlungsfreiheit, Vereinigungsfreiheit und offene Grenzen. Sie offenbarte eine Beziehung zu Goethe und Schiller, deren Lebenswerk untrennbar mit den Freiheitsrechten verbunden ist. Das Denkmal der beiden Dichterfreunde in Weimar, das die DDR-Führung für nationale Kundgebungen und Ehrungen nutzte, wurde 1857 am gleichen Jahrestag feierlich entfüllt. Die engagierte Protestbewegung der DDR-Bürger ab September mit Tausenden und ab Oktober mit Hunderttausenden von Teilnehmern entfaltete eine beispiellose Eigendynamik und erreichte mit ihrem friedvollen Begehren, bekräftigt durch den Aufruf der „Leipziger Sechs" zur Gewaltlosigkeit und den verantwortungsbewussten Dialog der „Gruppe der 20" in Dresden, ab 9. Oktober einen gewaltfreien

Verlauf der Demonstrationen und am 9. November den Fall der Berliner Mauer.

38

# 6. Literaturverzeichnis

Archiv der Gegenwart (1987), 57. Jg., Siegler & Co., Sankt Augustin 3.

Archiv der Gegenwart (1988), 58. Jg., Siegler & Co., Sankt Augustin 3.

Archiv der Gegenwart (1989), 59. Jg., Siegler & Co., Sankt Augustin 3.

Bösch, Sarah (2006): Wilhelm von Humboldt in Frankreich – Studien zur Rezeption (1797-2005), Schöningh, Paderborn.

Bredow, Wilfried von (1992): Der KSZE-Prozeß – Von der Zähmung zur Auflösung des Ost-West-Konflikts, Wissenschaftliche Buchgesellschaft, Darmstadt.

Bundesministerium für innerdeutsche Beziehungen (Hrsg.) (Januar 1989): Deutschlandpolitische Bilanz 1988 – Erklärung von Dr. Dorothee Wilms – Zahlen, Daten, Fakten, Bonn.

Büro für nationale Jubiläen beim Ministerium für Kultur (1988): 750 Jahre Berlin: Staatsakt der Deutschen Demokratischen Republik am 23. Oktober 1987, Dietz, Berlin.

Dibelius, Ulrich u. Schneider, Frank (Hrsg.) (1999): Neue Musik im geteilten Deutschland, Bd. 4: Dokumente aus den achtziger Jahren, ein Buch der Berliner Festspiele GmbH, Henschel, Berlin.

Dicke, Klaus (1989): >Stichworte<. Die Menschenrechte und der KSZE-Prozeß. Auf dem Weg zu einer gesamteuropäischen Rechtskultur? hrsg. v. d. Landeszentrale für Politische Bildung Schleswig-Holstein, Kiel.

DKV-Kunstführer (2007): Der Dom zu Naumburg, 14. überarb. Aufl., Deutscher Kunstverlag, München, Berlin.

Eberhardt, Josef (1988): Michel. Olympia-Münzen und -Medaillen von der Antike bis zur Neuzeit, neu bearbeitet und erweitert, mit einem Vorwort von Willi Daume, Schwaneberger, München.

Ecker, Sonja (2001): Die 750-Jahr-Feiern Berlins 1987. Vorbereitung, strategische Ziele und Berlin-Bild in Ost und West, Arbeitsschwerpunkt Hauptstadt Berlin, hrsg. v. d. Freien Universität Berlin.

Freitag, Werner (1995): Heiliger Bischof und Moderne Zeiten. Die Verehrung des heiligen Ludger im Bistum Münster, Schriftenreihe zur religiösen Kultur, Bd. 4, Ardey, Münster.

Goethe, Johann Wolfgang (1991): Maximen und Reflexionen, Bd. 17, hrsg. v. Gonthier-Louis Fink u.a., Carl Hanser, München, S. 715-952 u. 1218-1318.

Hertle, Hans Hermann (1999): Der Fall der Mauer. Die unbeabsichtigte Selbstauflösung des SED-Staates, 2. durchges. Aufl., Westdeutscher Verlag, Opladen.

Kluge, Volker (2001): Olympische Sommerspiele. Die Chronik IV. Seoul 1988 – Atlanta 1996, Sportverlag Berlin.

Lisiecki, Gabriel (1996): Deutsch-deutsche Städtepartnerschaften. Ihre historische Entwicklung und Bedeutung – dargestellt unter besonderer Berücksichtigung der Städtepartnerschaft Erlangen-Jena, Dissertation an der Psychologisch-Pädagogisch-Sportwissenschaftlichen Fakultät der Friedrich-Schiller-Universität Jena.

Mätzing, Heike, Christina u. a. (2010): Geschichte und Geschehen. Zusammenbruch der DDR und deutsche Einheit, Themenheft für die Oberstufe, Ernst Klett, Stuttgart, Leipzig.

Meyer-Drawe, Käte (1997): Die Philosophie des Johann Amos Comenius, in: Comenius-Jahrbuch, Bd. 5 / 1997, hrsg. im Auftr. der Deutschen Comenius-Gesellschaft, Academia, Sankt Augustin, S. 11-30.

Moll, Konrad (2004): Leibniz, Comenius, Bisterfeld. Die Ambivalenz des Menschen zwischen Weltordnung und Chaos, in: Comenius-Jahrbuch, Bd. 9-10 / 2001-2002, hrsg. im Auftr. der Deutschen Comenius-Gesellschaft, Schneider, Hohengehren, S. 44-61.

Philipp, Claudia (2004): Hans Furler – ein Europäer der ersten Stunde, in: Der Bürger im Staat – Die Osterweiterung der EU, hrsg. v. d. Landeszentrale für politische Bildung, Baden-Württemberg, 54. Jg., H. 1, S. 71-74.

Pohlenz, Max (1992): Die Stoa. Geschichte einer geistigen Bewegung, 7. Aufl., Vandenhoeck & Ruprecht, Göttingen.

Röckelein, Hedwig (1999): Halberstadt, Helmstedt und die Liudgeriden, in: Das Jahrtausend der Mönche: KlosterWelt Werden 799 – 1803, Publikation zur gleichnamigen Ausstellung im Ruhrlandmuseum Essen, hrsg. von Jan Gerchow, Wienand, Köln, S. 65-73.

Römer, Christof (1979): Helmstedt, St. Ludgeri, in: Germania Benedictina, Bd. VI. Norddeutschland, hrsg. v.d. Bayerischen Benediktinerakademie München in Verb. m. d. Abt-Herwegen-Institut Maria Laach, EOS, St. Ottilien, S. 163-199.

Römer, Christof (1980): St. Ludgeri Helmstedt, Große Baudenkmäler: Heft 329, Deutscher Kunstverlag, München, Berlin.

Schäfer, Jochem (2001): Der Peterzug: Dem Nationalfeiertag besonders verbunden – Der 3. Oktober als Tag der Deutschen Einheit, M.-G. Schmitz, Kelkheim.

Schäfer, Jochem (2004): Den Frieden sichern: Plädoyer für eine natur- und umweltfreundliche Zukunft, 2. Aufl., M.-G. Schmitz, Kelkheim.

Schäfer, Jochem (Juli 2004): Das internationale Nichtverbreitungsregime von Massenvernichtungswaffen im Wandel: Trinity, Hiroshima und Nagasaki als bleibendes zeitloses Fundament, M.-G. Schmitz, Kelkheim.

Schäfer, Jochem (April 2005): Eine weitsichtige Städtepartnerschaft zwischen Herborn und Pertuis: Die Grundrechte in der Europäischen Union, M.-G. Schmitz, Kelkheim.

Schäfer, Jochem (Dezember 2005): Aus heutiger Sicht: Musik und Politik im Dritten Reich – Die Familie Schäfer im Widerstand, M.-G. Schmitz, Kelkheim.

Schäfer, Jochem (2006): Der 3. Oktober ein weltweites Symbol für den friedlichen Dialog, Schmitz, Kelkheim.

Schäfer, Jochem (Juli 2008): Europäische Perspektiven: Der 1989er Salzmarsch in Deutschland und Mittel- und Osteuropa und die zukunftsweisende Bürgerkommunikation in der EU, M.-G. Schmitz, Nordstrand/Nordsee.

Schäfer, Jochem (2009): Die Gedanken eines Komparsen: Die Volksrepublik China und ihre wachsende Bedeutung in der Welt, M.-G. Schmitz, Nordstrand/Nordsee.

Schweisfurth, Theodor u. Oellers-Frahm, Karin (Hrsg.) (1993): Dokumente der KSZE, Sonderausgabe, Beck-Texte im dtv, München.

Simon, Hermann (1995): Die Neue Synagoge einst und jetzt, in: „Tuet auf die Pforten". Die Neue Synagoge 1866 – 1995, Begleitbuch zur ständigen Ausstellung der Stiftung „Neue Synagoge Berlin – Centrum Judaicum", Museumspädagogischer Dienst Berlin, S. 10-42.

Simon, Hermann (1997): Die Neue Synagoge Berlin – Geschichte. Gegenwart. Zukunft, 3. erg. Aufl., Edition Hentrich, Berlin.

Veen, Hans-Joachim u. a. (Hrsg.) (2000): Lexikon: Opposition und Widerstand in der SED-Diktatur, Propyläen, Berlin.

Weizmann, Chaim (1930): Das Recht des jüdischen Volkes auf seine Nationale Heimstätte, in: Palästina. Vier Reden von Dr. Chaim Weizmann, Präsident der Jewish Agency für Palästina, hrsg. von der Jewish Agency,London, S. 32-40.

Wiesner, Ramona (4/2002): Editorial, Paderborner Universitätszeitschrift (PUZ), hrsg. vom Rektor der Universität Prof. Dr. Wolfgang Weber, Paderborn.

Wilms, Dorothee, Bundesministerin (1989): Erklärung zur Einigung über den innerdeutschen Kulturaustausch, in: Das Kulturabkommen – Abkommen zwischen der Regierung der Bundesrepublik Deutschland und der Regierung der Deutschen Demokratischen Republik über kulturelle Zusammenarbeit, 3. ergänzte Aufl., hrsg. v. Bundesminister für innerdeutsche Beziehungen, S. 25-26.

Wrede, Hans-Heinrich: KSZE in Wien – Kursbestimmung für Europas Zukunft, Verlag Wissenschaft und Politik, Köln.

Der Autor wirkte in den vergangenen Jahrzehnten bei maßgeblichen friedens- und umweltpolitischen Ereignissen und Entscheidungen mit. Herausragend waren der Camp-David-Frieden zwischen Ägypten und Israel, Stabilisierungsmaßnahmen im Süden Europas und die Öffnung der Berliner Mauer mit der deutschen Wiedervereinigung und der friedlichen Auflösung des Warschauer Pakts. In der zweiten Hälfte der siebziger Jahre war er u.a. an der Ständigen Vertretung der Bundesrepublik und als Arbeitsgruppenvorsitzender des EG-Ministerrats während der deutschen Präsidentschaft 1978 in Brüssel tätig. In den Jahren 1989/90 beriet er eine Task Force unabhängiger Sachverständiger auf EG-Ebene zum Binnenmarkt- und grenzüberschreitenden Umweltschutz und nahm an Tagungen des EG-Umweltministerrats teil. Einige Jahre war er Geschäftsführer der Hessischen Stiftung für Naturschutz und von 1981 bis 1985 Ausschussvorsitzender für Landwirtschaft und Umwelt im Kreistag des Lahn-Dillkreises und Bauausschussvorsitzender im Stadtparlament von Herborn. Die feierliche Eröffnung des Beitrittsprozesses zur Europäischen Union für zehn mittel- und osteuropäische Staaten und Zypern fand nach dem demokratischen Umbruch in den Jahren 1989 bis 1991 an seinem fünfzigsten Geburtstag (1998) im EU-Außenministerrat in Brüssel statt.

Juli 2010                    Jochem Schäfer, Ministerialrat a.D.
Mühlwiesenstr. 13
60488 Frankfurt am Main
Tel. 069/78 80 10 88